LUGARES EXTREMOS DE LA TIERRA

LOS LUGARES MÁS CALIENTES DE LA TIERRA

POR SEBASTIAN WITIW

Gareth Stevens PUBLISHING

Please visit our website, www.garethstevens.com. For a free color catalog of all our high-quality books, call toll free 1-800-542-2595 or fax 1-877-542-2596.

Library of Congress Cataloging-in-Publication Data

Witiw, Sebastian.
Los lugares más calientes de la Tierra / Sebastian Witiw, translated by Esther Sarfatti.
pages cm. — (Lugares extremos de la Tierra)
Includes index.
ISBN 978-1-4824-2424-9 (pbk.)
ISBN 978-1-4824-2425-6 (6 pack)
ISBN 978-1-4824-1920-7 (library binding)
1. Climatic extremes—Juvenile literature. 2. Tropics—Description and travel—Juvenile literature. I. Title.

QC981.8.C53 W57
910.915'4—dc23

2014025540

First Edition

Published in 2015 by
Gareth Stevens Publishing
111 East 14th Street, Suite 349
New York, NY 10003

Designer: Katelyn E. Reynolds
Editor: Therese Shea

Photo credits: Cover, p. 1 Eric Lo/Moment/Getty Images; cover, pp. 1–24 (background texture) Prapann/Shutterstock.com; p. 5 LiliGraphie/Shutterstock.com; p. 7 (map) Globe Turner/Shutterstock.com; p. 7 (main) sigurcamp/Shutterstock.com; pp. 9, 11 (main) Galyna Andrushko/Shutterstock.com; pp. 11 (map), 17 (map), 19 (map) Andreas 06/Wikipedia.com; p. 13 nito/Shutterstock.com; p. 15 (map) pavalena/Shutterstock.com; pp. 15 (main), 21 Kaveh Kazemi/Getty Images; p. 16 DeAgostini/Getty Images; p. 17 (main) Jordi Cami/Cover/Getty Images; p. 19 (main) Francois-Olivier Dommergues/Moment Open/Getty Images; p. 20 © iStockphoto.com/mura.

Printed in the United States of America

CPSIA compliance information: Batch #CW15GS: For further information contact Gareth Stevens, New York, New York at 1-800-542-2595.

CONTENIDO

Las palabras del glosario aparecen en **negrita** la primera vez que se usan en el texto.

CALOR EXTREMO

¿Alguna vez has tratado de evitar el calor sofocante de un día de verano? Seguramente lo único que te apetece es ir a una piscina o entrar a un edificio con **aire acondicionado**.

La mayor parte de Estados Unidos y Canadá no sufre de calor extremo excepto durante unos meses al año. Eso es bueno, ya que demasiado calor puede ser peligroso para el cuerpo humano. Sin embargo, en el mundo hay lugares increíblemente calientes donde la gente sobrevive. ¿Cómo lo hacen? ¡Evitan pasar mucho tiempo al aire libre!

¡VERDADERAMENTE EXTREMO!

Los lugares situados cerca del **ecuador** suelen ser muy calurosos. El Sol apunta directamente al ecuador.

Los días calurosos son perfectos para ir a la playa. Sin embargo, algunos de los lugares más calurosos del mundo no están cerca del agua.

EL VALLE DE LA MUERTE

El lugar más caliente del mundo es el Valle de la Muerte. Este valle es parte de un parque nacional que está ubicado principalmente en California. Una pequeña parte se adentra en Nevada. El 10 de julio de 1913 se **registró** la temperatura del aire más alta en el Valle de la Muerte. ¡Alcanzó los 134°F (57°C)!

Allí las temperaturas normales en verano alcanzan los 120°F (49°C). Pero pueden llegar a bajar hasta los 90°F (32°C) por la noche. El valle de la Muerte también es el lugar más seco de Norteamérica. Las altas temperaturas y la escasez de agua contribuyen a que haya pocas plantas en las zonas más calurosas del Valle de la Muerte.

¡VERDADERAMENTE EXTREMO!

El Valle de la Muerte fue bautizado con ese nombre por los colonos que hacían su travesía a través de este valle. Estaban expuestos a un calor tan extremo que causaba la muerte a muchas personas.

La temperatura más alta del Valle de la Muerte se registró en Furnace Creek.

¿POR QUÉ TANTO CALOR?

Varias cadenas montañosas separan el Valle de la Muerte del Océano Pacífico. Estas montañas impiden que la lluvia y el aire fresco lleguen al valle. La luz del sol calienta rápidamente el terreno y hace difícil que crezcan plantas en el suelo del valle.

Las montañas a ambos lados del valle también actúan como muros que mantienen dentro el calor. El aire caliente se eleva y se enfría. Sin embargo, en el Valle de la Muerte el aire más fresco no tiene salida. Baja y se calienta de nuevo. Esto crea enormes masas de aire caliente que se mueven por la zona.

¡VERDADERAMENTE EXTREMO!

Hay un lugar del Valle de la Muerte que está a 282 pies (86 m) por debajo del nivel del mar. Es el punto más bajo de Norteamérica.

El Valle de la Muerte es un lugar excelente para los excursionistas durante los meses más fríos. En verano es muy peligroso estar demasiado tiempo afuera.

EL AZIZIA, LIBIA

Antes de que se reconociera al Valle de la Muerte como el lugar más caliente de la Tierra, una base militar en El Azizia, Libia, mantuvo el récord durante 90 años. La temperatura récord, de 136°F (58°C), se registró en 1922. Sin embargo, en 2012, los científicos anunciaron que esa temperatura no era correcta debido al uso de instrumentos defectuosos y otras condiciones en ese momento.

Aun así, Libia a menudo llega a registrar temperaturas tan altas como 122°F (50°C). Esto se debe a que la mayor parte del territorio está cubierto por un desierto llamado el Sahara. Por esta razón, la mayor parte de la población de Libia vive a lo largo de la costa del mar Mediterráneo.

En muchos lugares del Sahara pueden pasar 200 días sin que llueva.

TEMPERATURA DEL AIRE Y DEL SUELO

La "temperatura del aire" más alta del mundo se registró en el Valle de la Muerte. La temperatura del aire se mide fuera de la luz solar directa, fuera de la sombra y a varios pies por encima del suelo.

A menudo, la temperatura del suelo es más alta porque los rayos del sol calientan la superficie de la Tierra. En el Valle de la Muerte, la temperatura del suelo más alta registrada fue de 201°F (94°C) el 15 de julio de 1972. Sin embargo, la temperatura del aire de ese día fue "solamente" de 128°F (53°C).

Otra forma de medir la temperatura es en la superficie. Nos indica qué caliente sería una superficie al tocarla.

Si alguna vez has caminado por la arena caliente en una playa, ¡sabrás que la temperatura del suelo puede ser mucho más caliente que la del aire!

EL DESIERTO DE LUT

Los científicos de la NASA (Administración Nacional de la Aeronáutica y el Espacio) usaron **satélites** para localizar los lugares con la temperatura más alta en la superficie de la Tierra. Recogieron **datos** durante siete años y descubrieron que el desierto de Lut, en Irán, era el lugar más caliente según los datos de temperaturas en la superficie. Allí, la temperatura más alta total en la superficie se registró en 2005: 159.3°F (70.7°C).

Otras temperaturas extremadamente altas en la superficie se registraron en Queensland, Australia, y en las montañas Flameantes de China.

¡VERDADERAMENTE EXTREMO!

El planeta más caliente de nuestro **sistema solar** no es Mercurio, el más cercano al Sol. ¡Es Venus!

El desierto de Lut se llama Dasht-e Lut en persa.

TOMBUCTÚ, MALÍ

La ciudad de Tombuctú, en Malí, es una de las más conocidas de África. También es una de las más calurosas. La temperatura allí puede alcanzar los 130°F (54°C). Tombuctú está situada en el borde sur del Sahara, cerca del río Níger.

Tombuctú se fundó alrededor de 1100 A. C. como centro de comercio. Los comerciantes de oro y sal la usaban como punto de parada cuando cruzaban África. ¡Todavía hay edificios que se construyeron a principios del siglo XV!

La **mezquita** de Sankore en Tombuctú se construyó a principios de la década de 1400 y fue un importante centro de aprendizaje.

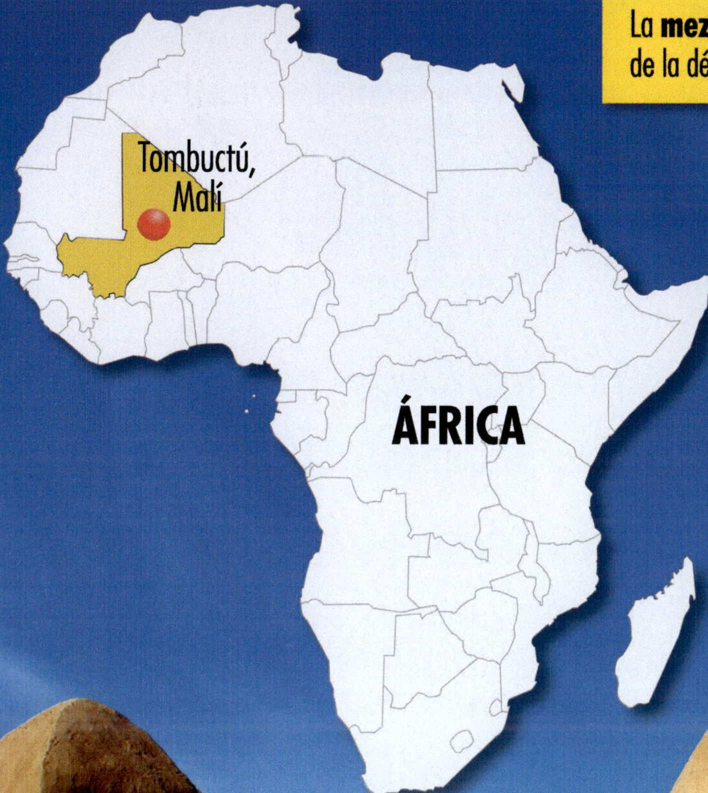

DALLOL, ETIOPÍA

Dallol, Etiopía, es conocido por ser el lugar **habitado** más caliente de la Tierra. Su temperatura anual **promedio** es de 94°F (34°C). Incluso en invierno, las temperaturas no bajan mucho.

Dallol está situado a más de 300 pies (91 m) por debajo del nivel del mar. En el pasado fue principalmente un pueblo minero, pero hoy en día aún hay gente que trabaja en las minas de sal. Las aguas subterráneas calientes han empujado la sal, el **ácido** y los **minerales** de colores vivos a la superficie. Aunque la sal tenga un color blancuzco, los demás minerales hacen que los campos de sal tengan un aspecto colorido.

¡VERDADERAMENTE EXTREMO!

¡Dallol está situado cerca de un **volcán**!

El azufre da el color amarillento a los minerales que aparecen en esta foto de Dallol. ¡También hay "estanques de ácido"!

VERDADERAMENTE CALIENTE

En los lugares extremadamente calientes, la gente se esfuerza en evitar los peligros del calor. Por ejemplo, se quedan en lugares cerrados y descansan durante las horas más calurosas del día. Llevan ropa ligera que los cubre y protege su cuerpo.

El agotamiento debido al calor es una condición en la que uno se siente débil o mareado. La insolación es aún más grave. La temperatura del cuerpo sube a niveles peligrosos. Puede ser mortal si no se atiende a tiempo. Es importante descansar y beber mucha agua cuando hace calor, ¡vivas donde vivas!

Los trabajadores en el Sahara descansan a mediodía hasta que el tiempo refresca.

¿CUÁNTO CALOR HACE?

Desierto de Lut: 159.3°F (70.7°C) (temperatura en superficie)

Valle de la Muerte: 134°F (57°C) (temperatura del aire más alta)

Tombuctú, Malí: 130°F (54°C) (temperatura del aire más alta)

El Azizia, Libia: 122°F (50°C) (temperatura del aire más alta)

Dallol, Etiopía: 94°F (34°C) (temperatura del aire promedio)

Desierto de Lut

GLOSARIO

ácido: un líquido que descompone la materia

aire acondicionado: aire cuya temperatura y humedad están controladas

datos: hechos y cifras

ecuador: una línea imaginaria que rodea la Tierra y que está a la misma distancia del Polo Norte que del Polo Sur

habitado: residir, vivir en un lugar

mineral: sustancia en el suelo que forma rocas

mezquita: edificio donde rinden culto las personas de religión musulmana

promedio: lo que resulta de repartir por igual la suma de todos los valores

registrar: medir algo o tomar nota de algo de forma oficial

satélite: un objeto que da vueltas a la Tierra para recoger y enviar información o ayudar con la comunicación

sistema solar: el Sol y todos los objetos en el espacio que orbitan alrededor de él, incluyendo los planetas y sus lunas

volcán: una abertura en la superficie de un planeta a través de la cual fluye algunas veces roca líquida y caliente

PARA MÁS INFORMACIÓN

LIBROS

Besel, Jennifer M. *The Hottest Places on Earth*. Mankato, MN: Capstone Press, 2010.

Hawes, Alison. *Extreme Places: Could You Live Here?* New York, NY: Crabtree Publishing, 2011.

Rustad, Martha E. H. *Earth's Hottest Place and Other Earth Science Records*. North Mankato, MN: Capstone Press, 2014.

DIRECCIONES WEB

Los ocho lugares más calientes de la Tierra
www.livescience.com/30580-9-hottest-places-earth.html
Lee acerca de otros lugares extremadamente calientes.

¿Qué significa sentir calor?
earthobservatory.nasa.gov/Features/HottestSpot/page2.php
Aprende más acerca de las diferentes formas de medir la temperatura.

Nota del editor a los educadores y padres: nuestros empleados han revisado cuidadosamente estos sitios web para asegurarse de que son apropiados para los estudiantes. Muchos sitios web cambian con frecuencia, por lo que no podemos garantizar que los futuros contenidos de un sitio continúen cumpliendo con nuestros altos estándares de calidad y valor educativo. Tengan en cuenta que se debe supervisar cuidadosamente a los estudiantes siempre que tengan acceso al Internet.

ÍNDICE